This gymnastics goalbook belongs to:

_____

© Dream Co Publishing 2019. ISBN 978-0-9951238-9-2

Sports club bulk orders: orders@dreamcomedia.nz

Contents:

Info	page 1
Encouraging quotes	page 2
Yearly Training Goals	page 4
Training Goals	page 8
Competition Goals	page 64

Fun Gymnastics Info:

Name: _____

Age: _____

Step/level: _____

Club: _____

Coach/es: _____

Favourite skill/s: _____

_____

Favourite apparatus/s: _____

_____

Favourite Olympic gymnast: _____

_____

Favourite leotard colour: _____

Favourite encouraging words or quotes:

_____

_____

_____

_____

_____

_____

_____

_____

_____

_____

_____

Favourite encouraging words or quotes:

 *My Yearly Training Goals:*

Date: _____

_____

_____

_____

_____

_____

_____

_____

_____

_____

_____

_____

 You can do it!

My Yearly Training Outcomes:

Date: _____

_____

_____

_____

_____

_____

_____

_____

_____

_____

_____

_____

♡ *Go for gold!* ♡

My Yearly Training Goals:

Date: _____

_____

_____

_____

_____

_____

_____

_____

_____

_____

_____

_____

 Dreams are possible.

My Yearly Training Outcomes:

Date: _____

_____
_____
_____
_____
_____
_____
_____
_____
_____
_____
_____
_____

♡ *Flipping out is fun!* ♡

My Training Goals:

Date: _____

VAULT: _____

_____

BAR: _____

_____

BEAM: _____

_____

FLOOR: _____

_____

COMMENTS: _____

_____

_____

My Training Outcomes:

Date: _____

VAULT: _____

_____

BAR: _____

_____

BEAM: _____

_____

FLOOR: _____

_____

COMMENTS: _____

_____

_____

Train like a champion.

My Training Goals:

Date: _____

VAULT: _____

_____

BAR: _____

_____

BEAM: _____

_____

FLOOR: _____

_____

COMMENTS: _____

_____

_____

 Aim high!

My Training Outcomes:

Date: _____

VAULT:_____

_____

BAR: _____

_____

BEAM:_____

_____

FLOOR:_____

_____

COMMENTS: _____

_____

_____

My Training Goals:

Date: _____

VAULT: _____

_____

BAR: _____

_____

BEAM: _____

_____

FLOOR: _____

_____

COMMENTS: _____

_____

_____

 If you don't try – you won't know what you're actually capable of.

My Training Outcomes:

Date: _____

VAULT:_____

_____

BAR: _____

_____

BEAM:_____

_____

FLOOR:_____

_____

COMMENTS: _____

_____

_____

♡ *You got this!* ♡

My Training Goals:

Date: _____

VAULT: _____

_____

BAR: _____

_____

BEAM: _____

_____

FLOOR: _____

_____

COMMENTS: _____

_____

_____

 You're amazing.

My Training Outcomes:

Date: _____

VAULT:_____

_____

BAR: _____

_____

BEAM:_____

_____

FLOOR:_____

_____

COMMENTS: _____

_____

_____

♡ *Believe – achieve.* ♡

 *My Training Goals:*

Date: _____

VAULT:_____

_____

BAR: _____

_____

BEAM:_____

_____

FLOOR:_____

_____

COMMENTS: _____

_____

_____

♡ ...*it's a gymnast thing.* ♡

My Training Outcomes:

Date: _____

VAULT: _____

_____

BAR: _____

_____

BEAM: _____

_____

FLOOR: _____

_____

COMMENTS: _____

_____

_____

♡ *Be flexible, be strong. And smile!* ♡

 *My Training Goals:*

Date: _____

VAULT:_____

_____

BAR: _____

_____

BEAM:_____

_____

FLOOR:_____

_____

COMMENTS: _____

_____

_____

 You can do it!

My Training Outcomes:

Date: _____

VAULT: _____

_____

BAR: _____

_____

BEAM: _____

_____

FLOOR: _____

_____

COMMENTS: _____

_____

_____

Go for gold!

My Training Goals:

Date: _____

VAULT: _____

_____

BAR: _____

_____

BEAM: _____

_____

FLOOR: _____

_____

COMMENTS: _____

_____

_____

 Dreams are possible.

My Training Outcomes:

Date: _____

VAULT: _____

_____

BAR: _____

_____

BEAM: _____

_____

FLOOR: _____

_____

COMMENTS: _____

_____

_____

♡ *Flipping out is fun!* ♡

 *My Training Goals:*

Date: _____

VAULT: _____

_____

BAR: _____

_____

BEAM: _____

_____

FLOOR: _____

_____

COMMENTS: _____

_____

_____

 Don't give up!

My Training Outcomes:

Date: _____

VAULT:_____

_____

BAR: _____

_____

BEAM:_____

_____

FLOOR:_____

_____

COMMENTS: _____

_____

_____

Train like a champion.

My Training Goals:

Date: _____

VAULT:_____

_____

BAR: _____

_____

BEAM:_____

_____

FLOOR:_____

_____

COMMENTS: _____

_____

_____

 Aim high!

My Training Outcomes:

Date: _____

VAULT:_____

_____

BAR: _____

_____

BEAM:_____

_____

FLOOR:_____

_____

COMMENTS: _____

_____

_____

 You're a star!

 *My Training Goals:*

Date: _____

VAULT: _____

_____

BAR: _____

_____

BEAM: _____

_____

FLOOR: _____

_____

COMMENTS: _____

_____

_____

 *Split leaps count as flying.*

My Training Outcomes:

Date: _____

VAULT:_____

_____

BAR: _____

_____

BEAM:_____

_____

FLOOR:_____

_____

COMMENTS: _____

_____

_____

♡ *I love gymnastics!* ♡

My Training Goals:

Date: _____

VAULT: _____

_____

BAR: _____

_____

BEAM: _____

_____

FLOOR: _____

_____

COMMENTS: _____

_____

_____

 If you don't try – you won't know what you're actually capable of.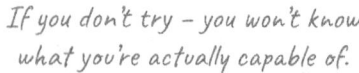

My Training Outcomes:

Date: _____

VAULT: _____

_____

BAR: _____

_____

BEAM: _____

_____

FLOOR: _____

_____

COMMENTS: _____

_____

_____

♡ *You got this!* ♡

  *My Training Goals:*

Date: _____

VAULT:_____

_____

BAR: _____

_____

BEAM:_____

_____

FLOOR:_____

_____

COMMENTS: _____

_____

_____

 The awesome four - vault, bars, beam and floor!

My Training Outcomes:

Date: _____

VAULT: _____

_____

BAR: _____

_____

BEAM: _____

_____

FLOOR: _____

_____

COMMENTS: _____

_____

_____

♡ *Don't forget to have fun.* ♡

My Training Goals:

Date: _____

VAULT:_____

_____

BAR: _____

_____

BEAM:_____

_____

FLOOR:_____

_____

COMMENTS: _____

_____

_____

 Run towards a challenge, not away from it.

My Training Outcomes:

Date: _____

VAULT: _____

_____

BAR: _____

_____

BEAM: _____

_____

FLOOR: _____

_____

COMMENTS: _____

_____

_____

Split like a banana.

My Training Goals:

Date: _____

VAULT: _____

_____

BAR: _____

_____

BEAM: _____

_____

FLOOR: _____

_____

COMMENTS: _____

_____

_____

 You're amazing.

My Training Outcomes:

Date: _____

VAULT: _____

_____

BAR: _____

_____

BEAM: _____

_____

FLOOR: _____

_____

COMMENTS: _____

_____

_____

Believe – achieve.

My Training Goals:

Date: _____

VAULT: _____

_____

BAR: _____

_____

BEAM: _____

_____

FLOOR: _____

_____

COMMENTS: _____

_____

_____

♡ ...it's a gymnast thing. ♡

My Training Outcomes:

Date: _____

VAULT: _____

_____

BAR: _____

_____

BEAM: _____

_____

FLOOR: _____

_____

COMMENTS: _____

_____

_____

♡ *Be flexible, be strong. And smile!* ♡

My Training Goals:

Date: _____

VAULT: _____

_____

BAR: _____

_____

BEAM: _____

_____

FLOOR: _____

_____

COMMENTS: _____

_____

_____

 You can do it!

My Training Outcomes:

Date: _____

VAULT:_____

_____

BAR: _____

_____

BEAM:_____

_____

FLOOR:_____

_____

COMMENTS: _____

_____

_____

My Training Goals:

Date: _____

VAULT: _____

_____

BAR: _____

_____

BEAM: _____

_____

FLOOR: _____

_____

COMMENTS: _____

_____

_____

 Dreams are possible.

My Training Outcomes:

Date: _____

VAULT:_____

_____

BAR: _____

_____

BEAM:_____

_____

FLOOR:_____

_____

COMMENTS: _____

_____

_____

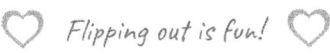

 *My Training Goals:*

Date: _____

VAULT: _____

_____

BAR: _____

_____

BEAM: _____

_____

FLOOR: _____

_____

COMMENTS: _____

_____

_____

 Don't give up!

My Training Outcomes:

Date: _____

VAULT: _____

_____

BAR: _____

_____

BEAM: _____

_____

FLOOR: _____

_____

COMMENTS: _____

_____

_____

Train like a champion.

My Training Goals:

Date: _____

VAULT:_____

_____

BAR: _____

_____

BEAM:_____

_____

FLOOR:_____

_____

COMMENTS: _____

_____

_____

 Aim high!

My Training Outcomes:

Date: _____

VAULT: _____

_____

BAR: _____

_____

BEAM: _____

_____

FLOOR: _____

_____

COMMENTS: _____

_____

_____

My Training Goals:

Date: _____

VAULT: _____

_____

BAR: _____

_____

BEAM: _____

_____

FLOOR: _____

_____

COMMENTS: _____

_____

_____

 Split leaps count as flying.

My Training Outcomes:

Date: _____

VAULT: _____

_____

BAR: _____

_____

BEAM: _____

_____

FLOOR: _____

_____

COMMENTS: _____

_____

_____

♡ *I love gymnastics!* ♡

My Training Goals:

Date: _____

VAULT: _____

_____

BAR: _____

_____

BEAM: _____

_____

FLOOR: _____

_____

COMMENTS: _____

_____

_____

 If you don't try – you won't know what you're actually capable of.

My Training Outcomes:

Date: _____

VAULT: _____

_____

BAR: _____

_____

BEAM: _____

_____

FLOOR: _____

_____

COMMENTS: _____

_____

_____

You got this!

 My Training Goals:

Date: _____

VAULT:_____

_____

BAR: _____

_____

BEAM:_____

_____

FLOOR:_____

_____

COMMENTS: _____

_____

_____

 The awesome four - vault, bars, beam and floor!

My Training Outcomes:

Date: _____

VAULT: _____

_____

BAR: _____

_____

BEAM: _____

_____

FLOOR: _____

_____

COMMENTS: _____

_____

_____

♡ *Don't forget to have fun.* ♡

 My Training Goals:

Date: _____

VAULT: _____

_____

BAR: _____

_____

BEAM: _____

_____

FLOOR: _____

_____

COMMENTS: _____

_____

_____

 Run towards a challenge, not away from it.

My Training Outcomes:

Date: _____

VAULT:_____

_____

BAR: _____

_____

BEAM:_____

_____

FLOOR:_____

_____

COMMENTS: _____

_____

_____

 *My Training Goals:*

Date: _____

VAULT:_____

_____

BAR: _____

_____

BEAM:_____

_____

FLOOR:_____

_____

COMMENTS: _____

_____

_____

 You're amazing.

My Training Outcomes:

Date: _____

VAULT: _____

_____

BAR: _____

_____

BEAM: _____

_____

FLOOR: _____

_____

COMMENTS: _____

_____

_____

Believe – achieve.

My Training Goals:

Date: _____

VAULT:_____

_____

BAR: _____

_____

BEAM:_____

_____

FLOOR:_____

_____

COMMENTS: _____

_____

_____

My Training Outcomes:

Date: _____

VAULT: _____

_____

BAR: _____

_____

BEAM: _____

_____

FLOOR: _____

_____

COMMENTS: _____

_____

_____

♡ *Be flexible, be strong. And smile!* ♡

 *My Training Goals:*

Date: _____

VAULT: _____

_____

BAR: _____

_____

BEAM: _____

_____

FLOOR: _____

_____

COMMENTS: _____

_____

_____

 You can do it!

My Training Outcomes:

Date: _____

VAULT: _____

_____

BAR: _____

_____

BEAM: _____

_____

FLOOR: _____

_____

COMMENTS: _____

_____

_____

 Go for gold!

My Training Goals:

Date: _____

VAULT: _____

_____

BAR: _____

_____

BEAM: _____

_____

FLOOR: _____

_____

COMMENTS: _____

_____

_____

 Dreams are possible.

My Training Outcomes:

Date: _____

VAULT: _____

_____

BAR: _____

_____

BEAM: _____

_____

FLOOR: _____

_____

COMMENTS: _____

_____

_____

♡ *Flipping out is fun!* ♡

My Training Goals:

Date: _____

VAULT: _____

_____

BAR: _____

_____

BEAM: _____

_____

FLOOR: _____

_____

COMMENTS: _____

_____

_____

 Don't give up!

My Training Outcomes:

Date: _____

VAULT: _____

_____

BAR: _____

_____

BEAM: _____

_____

FLOOR: _____

_____

COMMENTS: _____

_____

_____

Train like a champion.

 *My Competition Goals:*

Date: _____

Competition name: _____

VAULT: _____

_____

BAR: _____

_____

BEAM: _____

_____

FLOOR: _____

_____

COMMENTS: _____

_____

 Split leaps count as flying.

My Competition Achievements:

Date: _____

Competition name: _____

VAULT:_____

_____

BAR: _____

_____

BEAM:_____

_____

FLOOR:_____

_____

COMMENTS: _____

_____

♡ *I love gymnastics!* ♡

My Competition Goals:

Date: _____

Competition name: _____

VAULT:_____

_____

BAR: _____

_____

BEAM:_____

_____

FLOOR:_____

_____

COMMENTS: _____

_____

 If you don't try – you won't know what you're actually capable of.

My Competition Achievements:

Date: _____

Competition name: _____

VAULT: _____

_____

BAR: _____

_____

BEAM: _____

_____

FLOOR: _____

_____

COMMENTS: _____

_____

 You got this!

 *My Competition Goals:*

Date: _____

Competition name: _____

VAULT:_____

_____

BAR: _____

_____

BEAM:_____

_____

FLOOR:_____

_____

COMMENTS: _____

_____

 The awesome four - vault, bars, beam and floor!

My Competition Achievements:

Date: _____

Competition name: _____

VAULT: _____

_____

BAR: _____

_____

BEAM: _____

_____

FLOOR: _____

_____

COMMENTS: _____

_____

♡ *Don't forget to have fun.* ♡

 *My Competition Goals:*

Date: _____

Competition name: _____

VAULT:_____

_____

BAR: _____

_____

BEAM:_____

_____

FLOOR:_____

_____

COMMENTS: _____

_____

 Run towards a challenge, not away from it.

My Competition Achievements: ☆☆☆

Date: _____

Competition name: _____

VAULT:_____

_____

BAR: _____

_____

BEAM:_____

_____

FLOOR:_____

_____

COMMENTS: _____

_____

♡ *Split like a banana.* ♡

My Competition Goals:

Date: _____

Competition name: _____

VAULT: _____

_____

BAR: _____

_____

BEAM: _____

_____

FLOOR: _____

_____

COMMENTS: _____

_____

 You're amazing.

My Competition Achievements:

Date: _____

Competition name: _____

VAULT: _____

_____

BAR: _____

_____

BEAM: _____

_____

FLOOR: _____

_____

COMMENTS: _____

_____

♡ *Believe – achieve.* ♡

 *My Competition Goals:*

Date: _____

Competition name: _____

VAULT:_____

_____

BAR: _____

_____

BEAM:_____

_____

FLOOR:_____

_____

COMMENTS: _____

_____

My Competition Achievements:

Date: _____

Competition name: _____

VAULT: _____

_____

BAR: _____

_____

BEAM: _____

_____

FLOOR: _____

_____

COMMENTS: _____

_____

♡ *Be flexible, be strong. And smile!* ♡

 *My Competition Goals:*

Date: _____

Competition name: _____

VAULT: _____

_____

BAR: _____

_____

BEAM: _____

_____

FLOOR: _____

_____

COMMENTS: _____

_____

 You can do it!

My Competition Achievements:

Date: _____

Competition name: _____

VAULT: _____

_____

BAR: _____

_____

BEAM: _____

_____

FLOOR: _____

_____

COMMENTS: _____

_____

♡ *Go for gold!* ♡

 *My Competition Goals:*

Date: _____

Competition name: _____

VAULT:_____

_____

BAR: _____

_____

BEAM:_____

_____

FLOOR:_____

_____

COMMENTS: _____

_____

 Dreams are possible.

My Competition Achievements:

Date: _____

Competition name: _____

VAULT: _____

_____

BAR: _____

_____

BEAM: _____

_____

FLOOR: _____

_____

COMMENTS: _____

_____

♡ *Flipping out is fun!* ♡

My Competition Goals:

Date: _____

Competition name: _____

VAULT:_____

_____

BAR: _____

_____

BEAM:_____

_____

FLOOR:_____

_____

COMMENTS: _____

_____

 Don't give up!

My Competition Achievements:

Date: _____

Competition name: _____

VAULT:_____

_____

BAR: _____

_____

BEAM:_____

_____

FLOOR:_____

_____

COMMENTS: _____

_____

Train like a champion.

 *My Competition Goals:*

Date: _____

Competition name: _____

VAULT: _____

_____

BAR: _____

_____

BEAM: _____

_____

FLOOR: _____

_____

COMMENTS: _____

_____

 Aim high!

My Competition Achievements:

Date: _____

Competition name: _____

VAULT: _____

_____

BAR: _____

_____

BEAM: _____

_____

FLOOR: _____

_____

COMMENTS: _____

_____

♡ *You're a star!* ♡

 *My Competition Goals:*

Date: _____

Competition name: _____

VAULT: _____

_____

BAR: _____

_____

BEAM: _____

_____

FLOOR: _____

_____

COMMENTS: _____

_____

 Split leaps count as flying.

My Competition Achievements:

Date: _____

Competition name: _____

VAULT: _____

_____

BAR: _____

_____

BEAM: _____

_____

FLOOR: _____

_____

COMMENTS: _____

_____

♡ *I love gymnastics!* ♡

My Competition Goals:

Date: _____

Competition name: _____

VAULT: _____

_____

BAR: _____

_____

BEAM: _____

_____

FLOOR: _____

_____

COMMENTS: _____

_____

 If you don't try – you won't know what you're actually capable of.

My Competition Achievements:

Date: _____

Competition name: _____

VAULT:_____

_____

BAR: _____

_____

BEAM:_____

_____

FLOOR:_____

_____

COMMENTS: _____

_____

♡ *You got this!* ♡

 *My Competition Goals:*

Date: _____

Competition name: _____

VAULT: _____

_____

BAR: _____

_____

BEAM: _____

_____

FLOOR: _____

_____

COMMENTS: _____

_____

 Aim high!

My Competition Achievements: ☆ ☆ ☆

Date: _____

Competition name: _____

VAULT:_____

_____

BAR: _____

_____

BEAM:_____

_____

FLOOR:_____

_____

COMMENTS: _____

_____

♡ *You're a star!* ♡

 *My Competition Goals:*

Date: _____

Competition name: _____

VAULT:_____

_____

BAR: _____

_____

BEAM:_____

_____

FLOOR:_____

_____

COMMENTS: _____

_____

 *Split leaps count as flying.*

My Competition Achievements:

Date: _____

Competition name: _____

VAULT: _____

_____

BAR: _____

_____

BEAM: _____

_____

FLOOR: _____

_____

COMMENTS: _____

_____

I love gymnastics!

 *My Competition Goals:*

Date: _____

Competition name: _____

VAULT: _____

_____

BAR: _____

_____

BEAM: _____

_____

FLOOR: _____

_____

COMMENTS: _____

_____

 The awesome four - vault, bars, beam and floor!

My Competition Achievements:

Date: _____

Competition name: _____

VAULT: _____

_____

BAR: _____

_____

BEAM: _____

_____

FLOOR: _____

_____

COMMENTS: _____

_____

♡ *Don't forget to have fun.* ♡

 *My Competition Goals:*

Date: _____

Competition name: _____

VAULT: _____

_____

BAR: _____

_____

BEAM: _____

_____

FLOOR: _____

_____

COMMENTS: _____

_____

 Run towards a challenge, not away from it.

My Competition Achievements:

Date: _____

Competition name: _____

VAULT: _____

_____

BAR: _____

_____

BEAM: _____

_____

FLOOR: _____

_____

COMMENTS: _____

_____

♡ *Split like a banana.* ♡

 Fun space for drawing:

www.ingramcontent.com/pod-product-compliance
Lightning Source LLC
Chambersburg PA
CBHW070758020526
44118CB00036B/2063